이기호 第五詩集
적막한 보리저녁

이기호 시조집

시산맥시혼시조 시인선 008

적막한 보리저녁

시산맥 시혼시조 008

초판 1쇄 인쇄 | 2024년 11월 20일
초판 1쇄 발행 | 2024년 11월 25일

지은이 이기호
펴낸이 문정영
펴낸곳 시산맥사
편집주간 김필영
편집위원 신정민 최연수
등록번호 제300-2013-12호
등록일자 2009년 4월 15일
주소 03131 서울특별시 종로구 율곡로 6길 36. 월드오피스텔 1102호
전화 02-764-8722, 010-8894-8722
전자우편 poemmtss@naver.com
시산맥카페 http://cafe.daum.net/poemmtss

ISBN 979-11-6243-532-8 03810 (종이책)
ISBN 979-11-6243-533-5 05810 (전자책)

값 12,000원

* 이 책은 전부 또는 일부 내용을 재사용하려면 반드시 저작권자와 시산맥사의 동의를 받아야 합니다.
* 이 책은 교보문고와 연계하여 전자북으로 발간되었습니다.
* 본문 페이지에서 한 연이 첫 번째 행에서 시작될 때에는 〈 표기를 합니다.
* 저자의 의도에 따라 작품의 보조 동사와 합성 명사는 띄어쓰기가 달라질 수 있습니다.

적막한 보리저녁

이기호 시조집

| 시인의 말 |

  바다의 물고기들은 바다에 사는데도 왜 간이 배어있지 않을까요.
  여행 가면서, "인도 갔다 올게" 하고 자식들에게 말했는데 먼 훗날엔 "온다"라는 말을 못 할 때가 오겠지요.
  어릴 때 들녘의 논에 가본 적이 있습니다. 벼 포기 사이사이에 거미줄이 처져있고 거기에 아침이슬이 매달려 있었는데요. 그때 막 떠오른 햇살이 퍼져서 어찌나 아름답던지요. 시인은 그런 이슬만 먹고 사는 사람인 줄 알았는데 제가 시를 쓰니 그 이슬이 아직도 있는지 가보고 싶어집니다. 이런저런 수상 소식, 성공 소식에 대해 "축하해요, 대단해요, 대박" 등등의 표현을 질투嫉妬와 질투상당어구相當語句의 뒤침말이라 말한다면 큰 어폐語弊가 되겠지요.

셀카 말에요. 내가 나를 찍으면 겨우 봐줄 만한데 남이 찍어주면 아주 그냥 그렇습니다. 그러고 보면 연예인 등 미인들은 찍어도 찍혀도 예쁘니 진정 아름답다 말할 수 있 겠지요.

　피사체被寫體와 같은 저의 시詩들― 우리의 혼魂과 정서의 맥에 닿고 싶은 저의 시절가조時節歌調― 시조時調도 그랬으면 좋겠습니다.

2024. 11. 20
이기호

* 질투와 질투상당어구는 영어의 명사와 명사상당어구에서 따온 말입니다.

■ 차례

1부　내 사색의 창가에서

석류石榴	19
이른 봄 꽃자리	20
달을 번역하다	21
어머니 냄새	22
상사화에게 찬사를	23
맨발의 소녀에게	24
빙벽등반	25
숨비소리: 해녀여	26
날마다 별이 되는 돌	28
내 고향 광천엔	29
고향집	30
두매한짝	31
오월 전야제	32
적막한 보리저녁	33
윤슬	34
김치 담기	35

2부 이 지독한 사랑을 어이 할꼬

세종대왕이시어	39
고구려: 가을의 사색	40
수월관음도水月觀音圖	41
석굴암에서	42
에밀레, 에밀레종	43
서산 마애삼존불상	44
해운 최치원	45
다산 정약용	46
故 박정희 대통령의 업적	47

3부 이 지독한 사랑을 어이 할꼬

하나님의 아들	51
낙타에게	52
개나리의 님	53

4부 계절의 고섶에서

봄꽃이 피다   57
나무여, 한살이여   58
벚꽃에게   59
알밤 이야기   60
진달래꽃 약속   61
고향의 봄   62
봉은사 홍매화 피다   63
겉갈이하고 싶다 이 가을   64
눈 오는 밤의 소묘   65
초연草宴 혹은 꽃트림   66
개나리 두어 가지   67
가을 낮 풍경 1   68
가을 오다   69
맨드라미의 고향   70
무악재 안산鞍山에서   71

5부　생활의 나날

늙은 남자　　　　　　　　　　　75
우루무치의 추억　　　　　　　　76
안산에서　　　　　　　　　　　78
깨를 볶다　　　　　　　　　　　79
독도는　　　　　　　　　　　　80
청계천　　　　　　　　　　　　81
풍경의 집　　　　　　　　　　　82
내 나이는: 강낭콩에 대한 소고小考　83

■ 해설 | 문정영(시인)　　　　　85

1부

사색의 창가에서

석류石榴

뼈마디 열리는 고통 한사코 참아내면
마침내 드러나는 알알의 살빛 환희
벌어진 어미 몸에선 붉은 물이 흘렀다

이른 봄 꽃자리

바람도 가려 앉는 그윽한 꽃자리에
곰삭은 등걸 위에 계절의 문이 열려
한겨울 불뭉치 같은 꽃들이 피어난다

골찬 마음 앞에서 꽃샘은 시르죽고
바람의 늑골 속에 겨우내 속눈 틔운
오롯한 매화의 민낯 물꽃처럼 말갛다

모닥모닥 가지 위에 구름처럼 앉았다가
네 활개 웅크리고 괭이잠을 자다가
얼결에 달빛 걷어다 하얗게 뒤발한 듯

쭈그렁한 자궁으로 어린것 낳아놓고
늙은 어미 애근히 강보에 싸고 있다
봄 시샘 꽃샘바람이 오늘따라 무심하다

달을 번역하다

달이 뜨면 이냥저냥 두 손을 모으니
달이란 기원祈願이 응집된 빛의 덩어리
과학에 의해 베일이 벗겨짐을 저어합니다
오늘밤 달은 인간사에 관심 없는 표정입니다

어머니 냄새

깜부기 뽑던 어머니 승汛새 굵은 베적삼에선
오월 하늘 휘감던 풋보리 내음새
젖가슴 밑을 돌아 축축한 엄마 냄새 났었다
밭두둑엔 둥근 파꽃 논길엔 자운영꽃
틀어 꽂은 옥비녀에는 윤이 나던 동백기름
강동한 광목치마에서 불내가 풀풀했다
물 묻은 고무신 속 맨발의 살냄새와
가마솥 가시던 터진 손 가여웠나
파꽃이 왕관을 벗어 어머니에게 씌웠다
우렁이 혁질 뚜껑이 두께를 더해 가고,
파꽃 위로 하얀 눈 내리고 쌓이던,
소한 날 왕관을 벗은 십 남매 울 어머니
그리워 품어보는 어머니의 베적삼
솔향보다 싱그럽던 냄새는 사라지고
좀약의 냄새만 풍겼다 어머니 닮아 몸 닳은

상사화에게 찬사를

가을 산 길굼턱의 한 무리 상사화
안달복달 기다림을 이제는 늦췄나
점점이 붉도록 진다 아름답다, 저 상사^{想思}

맨발의 소녀에게

고향과 이별하며 머리를 잘랐고요
뭇시선 겹겹 입어 몸은 춥지 않은데
언제쯤 나는 뒤꿈치를 땅에 댈 수 있을지

고향 도랑에 발 담그고 살아가려 했는데
사나운 바람에 냇물이 소용돌이쳐서
물 따라 나도 모르게 흘러가 버렸지요

힘들어도 몹쓸 기억 지우려 애를 쓰죠
그럴수록 겨울 같은 의지로 기다려요
누군가 뜨거운 눈물 내 발등에 쏟을 날을

오늘도 하늘 이고 하염없이 앉아있죠
눈 뜨고 떠난 이들 파랑새 되어 돌아와
어깨에 앉아 다독여주니 또 하루 견디지요

빙벽등반

당신이 무슨 맘으로 오르는지 몰라도
그건 역시 어려운 일이란 걸 나는 알지
자신을 이긴다는 건 자신을 넘는 거니

욕망이란 무엇인지 신기루 찾아가듯
단내를 쫓아가는 사냥꾼처럼 집요하게
고난을 만들어가는 겁 없는 집념이다

줄 하나에 온몸을 내맡기고 오로지
앞발에 힘을 싣고 얼음을 찍어대며
내 안의 내밀힘 믿는 수직의 모험이다

흙뒤 당기는 힘살에 떨어지는 땀방울에
그만둘까 오를까 땀국에 젖는데
또다시 떼는 걸음에 언 햇살이 반짝인다

숨비소리: 해녀여

해녀여 그대를 누구라고 말할까요
농구공도 수압$_{水壓}$에 찌그러지는 심해에서
숨 참고 무턱으로 물질하는 바다 여인 그대를

"칠성판 등에 지고 혼백상자 머리에 이고…"
"저승에서 벌어서 이승에서 쓴다오…"
물안경 쓰고 고무옷 입고 입수하는 그대를

"호오이 호오이"
참았던 숨 몰아쉬는
그대의 숨비소리는 삶의 소리 생명 소리
"이어도 사나 어이어이" 흐느끼는 가슴이다

들어가는 깊이에 따라 상군 · 중군 그리고 하군
물질하다 애도 낳는 비바리는 서러워
뭍에선 삭신 쑤셔서 물나라 또 그립다죠

머리부터 입수한 뒤 허공에서 휘젓던 발
이윽고 수면은 거울처럼 잠잠해지지만

바다는 그대 품으며 거친 파도로 울더이다

* PS : 해녀의 대사 등 제주해녀박물관 참조, 인용.

날마다 별이 되는 돌

냇물 따라 흐르는
떨어진 꽃잎 같고
물고기 화석 같은
냇바닥 자갈돌들
몸으로 숨을 쉬면서 포갬포갬 누워있다

지느러미 퇴화하여
아가미 하나 없이
물밑의 세상에서
몽둥발이로 살아가도
물비늘 따라 퍼덕이고픈 꿈이야 없을라고요

가로누운 물의 빗장 조용히 열리고
발면발면 비쳐 드는
연푸른 빛살에
속새로 에살포오시 말리고픈 마음이지

굴절되는 시야로 사위가 흐려져도
출렁이는 물살에 물이끼 씻어내고
밤마다 별이 되는 돌 그대는 아시는지

내 고향 광천엔

드넓은 논밭 새로 상지천川이 흐르고
가난을 씻어대며 빨래하던 舊 장터
잇따른 방망이 소리에 버들잎 뚝뚝 졌지

아버지의 원두막엔 별들이 가까워서
칠석이면 견우직녀 살어둠에 찾아왔지
밭고랑 참외줄기엔 지상의 달 열리고

건들마에 흔들리던 오서산 억새꽃
복신굴 눈물처럼 하얗게 피어났지
아랫말 옹암포구엔 새우젓이 익어가고

곁말이 통하던 사람들이 떠나가서
낯선 이의 고향이 된 고향이매 낯선데
논둑의 새파란 쑥은 뿌리를 내렸더라

고향집

나팔꽃 올라가던 돼지우릿간 흙벽으로
겨울 마른 무청이 바람에 펄럭이던
고향집 이제는 없고 추억만 일렁이네

모깃불은 저문 마당 휘감으며 타오르고
별들이 등불 들고 밤마을 나오던 곳
우물가 등목하던 소리 꿈결처럼 아득하다

맥질한 뒷마당에서 도리깨는 하늘을 돌고
낟가리만 보아도 괜스레 배부르던 곳
홀태에 벼 훑던 소리 이명처럼 들리네

바자울 밑 김칫독에 흰 눈은 쌓이고
고드름 수문장이 밤새워 지키던 곳
지붕에 달빛 두르던 그곳이 아득하다

두매한짝

한 매_枚면 두 개요, 두 매면 네 개고
거기에 한 짝이면 다섯 개, 손가락인데
요즘은 이런 고운 말도 헌신짝 신세네요

오월 전야제

햇살 내려 은빛으로 반짝이는 물결과
몸을 열어 피워낸
봄철의 꽃무리들
이 땅이 오월을 맞는
전야제라 말하리

꽃눈개비 질척하게 쏟아내는 하늘 하며
날기 연습 분주한 털북숭이 새 새끼들
오월의 새둥지에선
구름밭도 출렁이리

굽 깊은 모롱이 돌아
고향 가는 장항선열차
피어나는 봄물결*에 차창마다 슬픔 일어
저무는 해도 이 계절엔
눈두덩이 붉었다

* 봄물결 : 봄철에 이는 물결 또는 봄철의 온화한 기운이나 정취.

적막한 보리저녁*

보리방아 찧을 때면 분꽃도 눈을 뜬다
울 밑에선 암탉이 지저깨비 헤쳐대고
거미**는 앞마당으로 한무릎 다가왔다

이른 저녁 보리밥에 굴풋해진 입맛이다
옥수수와 감자가 바가지에 들려나오자
먼 데서 짭짭거리던 별 사선斜線으로 떨어졌다

다북쑥 솔가지가 모깃불 속에 타오르고
섶사냥이라도 하는 듯 매캐한 연기는
초가집 낮은 허리를 천천히 휘감았다

하나둘 모기장 찾아 졸린 눈을 비볐다
그림자는 어둑서니 커가듯 키를 늘리고
마을이 저뭇한 어둠에 안길 때
달빛은 지붕 위 박 넝쿨을 적시며 흘렀다

---

* 보리저녁 : 해가 지기 전의 이른 저녁. 보리밥은 보통 두 번을 삶아서 짓기 때문에 보리쌀을 일찍 안쳐야 하는 데서 온 말이다.

** 거미 : 어스름(조금 어둑한 상태).

윤슬

햇빛이나 달빛에 반짝이는 잔물결은
찬란한 빛의 잔치에 마음을 빼앗긴
당신이 살아있음의 환희를 느끼는 것

누군가가 남몰래 거울 장난하는 듯
물고기도 아니면서 물고기처럼 퍼덕거려도
역시나 물고기 또는 거울은 아닌 것

햇살이나 달빛의 모습은 이런 거라고
빛 없이 수많은 보석 한번 가져보라고
온몸을 뒤채어가며 보여주는 물춤이다

김치 담기

열십자로 뻐개고* 소금에 절이고
시뻘건 고춧가루로 버무리는 김치 담기는
잔인한 전쟁놀음 같다 정복자가 벌이는

* 뻐개다 : 칼로 자른다는 뜻의 충청도 사투리.

2부

이 지독한 짝사랑을 어이할꼬

세종대왕이시어

백성을 사랑하신 겨레의 왕이시고
인문과 과학과 또 다방면에 걸쳐서
문화의 찬란한 시대 여셨던 왕이시여

훈민정음 창제하고 용비어천가 지으시고
경서와 문학서와 불경의 번역 등
우리네 문자생활의 금자탑 여셨는데

가족 간 비극은 상상도 못 할 일인데
원풀이라도 하고 싶은 아무렴 끔찍한 일
대왕의 사후死後였다고 왼고개 돌릴까요

고구려: 가을의 사색

북태평양 고기압의 한살이가 끝났다고
끝물의 여름이 가을을 打電하면
가을귀 귀뚜라미 소리 또록또록 적는다

혜산진 매운바람 서리를 몰고 오면
반도의 내륙산간이 이 소식 전해 받고
동백꽃 피는 남쪽으로 종종걸음 쳐댔다

몽골고원 푸르고 넓디넓은 대초원
뒤덮는 찬 서리 그 육각형 얼음덩이는
못 이룬 고구려 꿈이 눈 속에 굳은 거다

수월관음도 水月觀音圖

찬란한 백제가 속절없이 스러짐은
곰나루 전설의
저주 때문이 아닐는지
낙화암 삼천 궁녀도 같은 맥락일 듯하고

터 잡은 한강변에서
백마강변으로 옮긴 것 등
백제는 이래저래
물과 얽힌 사연인데
마곡사 수월관음도가 끄트머리 아닐까

백제 멸망을 슬퍼해서
白衣 입은 건 아니겠지만
호수에 뜬 달은 현신한 관음보살일까
백제란 신에게 바치는 물이란 뜻이라니

* 공주 마곡사.

석굴암에서

전생의 부모 위해 석굴암 지었다지
돌로 만든 금당 위를 하늘이 떠받치고
효심은 시간을 넘어 예술로 꽃피었다

남성미가 느껴지는 우람한 살거리
피 흐르고 맥박 뛰어 살아있는 사람인 듯
넓고 큰 가람 한자리에 가부좌로 앉으시다

동해의 큰 물결 거칠게 일어나고
그 바다 뛰어오른 시뻘건 불덩이
이윽고 님의 이마에서 보석처럼 빛나다

토함산에 죽죽 뻗은 잣나무 숲이며
뜨락에 터질 듯한 뜰보리수 붉은빛은
날마다 새로운 신라 지키려는 뜻이다

에밀레, 에밀레종

아기의 울음이여 종이 된 전설이여
눈물은 한때지만 소리는 천년이라
종소리 울릴 때마다 신라가 일어서네

죽음은 죽지 않고 다른 모습으로 사는 것
아기는 다시 태어나 천상을 날고 있네
무릎을 꿇고 앉아서 영원을 간구하네

에밀레 에밀레 어미를 부르던 소리
빗물같이 흰 눈같이 섧고도 설운 얘기
이제는 들리지 말라고 저리 우는 것인가

열세 살에 엄마가 된 우간다의 소녀야
우리에겐 살아있는 에밀레종이 있단다
검푸른 너 대신 우는 에밀레종 있단다

서산 마애삼존불상

시간의 더께 묻은
모습이 외려 천진하다
도담한 수인手印이며 오롯한 원광圓光 하며
삼매에 든 절 한 채가 하늘을 이고 섰다

덧없는 삶과 죽음 그 경계 무느려
침묵 속 하 무량한 미소의 설법으로
돌벽 위 마애불상이 우리 진여 깨운다

친근한 모습에서 불심은 일어서고
어깨에서 흘러내린 살보드란 통견의通肩衣
두 손에 감아쥐고서 금시라도 나투올 듯

자애의 비 흠뻑 내려 중생은 구물구물
만지는 손길마다 바라보는 눈길마다
천년의 백제 숨결이 시나브로 슴배인다

해운 최치원

가을비가 부윰한 방문을 때린다
등잔불 문풍지 따라 흔들리는 어스름밤
밤그늘 그 속을 달리는 속절없는 사람이여

당나라 행 어린 뱃길 물결처럼 출렁였지
마침내 큰 나라도 떨게 만든 신라 정신
반군叛軍의 노봉虜鋒조차도 붓 아래 꿇렸는데

돌아온 서라벌엔 알아주는 사람 없어
외딴 치던 대문장 나비질에 흩날렸지
쓸쓸히 거울의 녹만 닦아대던 선생이여

솔잎이 무성한 송악松嶽을 등에 지고
낙엽이 흩뿌리는 계림의 숲을 지나
도롱이 쓰고 입산한 가야산 선인仙人이여

다산 정약용

시대의 문제점을 속속들이 꿰뚫은 그는
경세유표『經世遺表』, 목민심서『牧民心書』, 흠흠신서
『欽欽新書』
저술하였지
개혁에 개방을 덧입힌 당대의 혜안이지

귀양길도 하늘 뜻이라는 지순한 천주교도
과학적 재능으로 수원성 건축하였고
정조의 아름다운 철학* 그 실천에 앞장섰지

양경陽莖을 잘라 버린 백성의 일 가슴 아파
애절하게 써 내려간 애절양哀絶陽 그 詩는
오늘의 우리에게 던지는 핏빛** 절규 아닐까

* 아름다운 철학 : 수원성이 지나치게 아름답다는 지적에 정조는 이렇게 말했다 한다. "아름다움은 적을 이긴다."고.

** 우리 며느리가 그러더군요. 애들 아빠가 벌어오는 돈은 피같은 거라서 정말 아껴써야 한다고요.

故 박정희 대통령의 업적

독재자라 하는 이는 독재자라 하겠고
아니라 하는 이는 또 아니라 하겠고
안방과 부엌에서의 말이 늘 다른 법이니

오래도록 이어진 거머리 같은 찰가난
그 가난 끊어버린 결단은 단호했지
못한 거 더러 있대도 이건 정말 위대하지

3부

하나님 나의 하나님

하나님의 아들

십자가에 못 박혔어도 하나님의 아들인데
원망도 아니하고 순종하신 예수여
그러니 세상의 붉은 죄 눈처럼 하얘졌지

삼위일체 귀하신 몸 피할 수도 있는데
세상 짐 짊어지고 돌아가신 예수여
죽으면 사는 것임을 죽음으로 보이셨지

고통받는 만민을 인자는 두남두셨지
갈색으로 떨어지는 봄날의 목련꽃처럼
땀방울 피가 되도록 기도하신 주님은

죽은 자 가운데서 부활하신 기적이여
세상을 심판하러 이제금 오시는 날
어둠의 두억시니들 발밑에 꿇리시리니

주님은 끊어지지 않는 세 겹의 빔실
굳세게 잡고서 끝날까지 인내하면
주님의 거룩한 성에 즐겁게 들어가리

낙타에게

기다란 속눈썹에다 또 숱이 많아서
명사 산* 모래바람 헤치며 걸어가던
낙타야 너를 만든 분은 누구인지 말해다오

귓바퀴에 털이 많아 모래가 안 들어오게
발바닥을 탄력 있게 그리고 또 단단하게
그 길을 걸어갈 수 있게 만든 분은 누구니

뜨겁고 고독한 고비사막 타클라마칸사막
인내 없이 순종 없인 도무지 갈 수 없는
그 길을 걸어가는 너를 만든 분은 누구니

* 명사 산 : 중국 감숙성 돈황에 있는 산. 모래가 운다고 하여 붙여진 이름.
* W. Blake의 시 「양에게」를 읽고 씀.

개나리의 님

누구 발밑 밝히려 노란 꽃등 켜들었나
행여나 헛디딜라 여린 마음 저어하며
등불 든 처녀들처럼 노란 꽃등 켜 들었나

개나리 등 켜 들고 우리 모두 기다리지
행여나 꽃등 꺼질세라 비바람 막아서며
그 사람 와야 할 그 사람의 복된 약속 기다리지

4부

계절의 고섶에서

봄꽃이 피다

별빛 아래 손 모으고
돋을볕 품에 받아
꽃눈자리 옹근 자리
숫눈을 털어내고
매화꽃 환히 벙글어
봄 세상을 이끈다

창연蒼然한 옛 등걸에
펄럭이는 기품과
꽃등燈에 일렁이는
오달지고 맵찬 의지
여린 볕 기대어 서서 하얀 꿈 꾸고 있다

나무여, 한살이여

하늘을 받쳐 든 가지들도 이파리도
뭉뚱그린 한 뭉텅이
저 나무의 푸네기들
한 마리 공작새처럼 날개를 펴고 있다

이파리 하나로도
하늘을 가리더니
늦잎마저 떨어져 나무가 빈집이다
여름내 몸가축하던 일상이 무너진다

눈 오는 겨울이면
돋아나는 물빛 안개
일년생 미라 되어 얼음강보에 싸였더니
때 되면 물줄기 깨어나 줄기 사이 감돈다

너테 위로 봄 오고
또다시 여름 오면
연못 속에 들어차는 무성한 푸른 그늘
햇살을 헹구어내고 잎, 새들이 날고 있다

벚꽃에게

가슴속에 지닌 기쁨 얼마나 크기에
닐닐닐 풀피리 속에
몸을 열어젖히고
지나간 겨울 그리워 눈(雪)갈기로 왔구나야
아랫마을 월선아배 동동동 보릿동에
보리죽도 못 먹고 부황나서 가더니
그 봄이 못내 아쉬워 다시 살러 왔구나야
열 자식을 낳았던 반달눈썹 우리 엄마
빈 껍질 우렁이처럼 둥둥둥 물에 떠서
벚꽃이 피기도 전에 서둘러 가셨어야

동백꽃엔 동박새가 무람없이 찾아오고
매화꽃엔 전설처럼 휘파람새 깃드는데
어매가 그리운 날은 소쩍새가 울었어야

알밤 이야기

밤 가시 사이사이 쟁여놓은 햇살을
군불로 지펴서 밤 풍년 꿈꾼 날들
밤톨 속 아람들 벌어 계절이 익어간다

따끔이 속 빤빤이, 빤빤이 속 텁텁이
텁텁이 속 오도독이란 수수께끼 하나가
갓 솟은 햇귀 아래서 새벽이슬 말리더니

세톨박이 가생이에 오그렸던 가톨들
갓난 몸 내발려도 감싸는 이 하나 없어
스스로 탯줄 가른 용기 저어하는 모습이다

진달래꽃 약속

진달래 망울 부풀어 안산에 봄이 왔네
가풀막, 돌서더릿길 둥덩산 이루었네
우리네 삶 이 같아라 날구장창 꽃누리

멱차 오르는 그리움에 떼 지어 왔나 보다
지나간 고운 이들 둘러 둘러 만나보고
바람 속 소식 전하느라 볼때기가 얼었다

해마다 피워내는 드팀없는 저 약속
피고 또 지는 마음
보고 또 보내는 마음
봄이면 가슴을 앓는 사람이고 꽃이다

고향의 봄

처마 끝 고드름이 언 땅에 부러지면,
그 햇살 끝자락에 매달려온 마른 봄판
고향은 보릿고개 맞아 허리띠를 졸랐다

햇동 튼 개울둑에 냉이 캐던 아이들,
아지랑이 쫓느라 빈 바구니에 햇살이 차고
흙물 든 치마 속으로 꽃샘바람 감돌았다

오포소리 적막 깨어 종다리 높게 날고,
자운영 곱게 피던 둑 밑의 개울가엔
물고기 햇살 물고서 수면 위로 올랐다

봉은사 홍매화 피다

봉은사 홍매화 피어 벌써 온 봄 알리네
작년에도 그러께도 그끄러께도 피었었는데
올해에 처음 핀 것처럼 눈길들 몰려든다

한겨울 계절의 색 어두운 빛이라서
세상을 밝히고 맑히려고 저렇게
오래된 삭신에도 고운 꽃 오롱조롱 피워냈나

삼신할미 피오나*가 개화시기 알린다지
그래서 그랬구나 머리 긁으며 돌아서다
그래도 깨금발하고 홍매화 다시 본다

* 피오나(FIONA)' ; 꽃은 낮의 길이를 인지해서 개화시기를 결정한다고 한다. 그 유전자의 이름이 피오나(FIONA)' 이다. 포스텍 연구진이 발견하였다 한다.

겉갈이하고 싶다 이 가을

가을귀 안테나로 귀뚜리 노래 잡으니
동트며 울어대던 매미소리 헐겁다
가을이 끝물의 여름을 모개로 흥정한다

하루하루 나락들은 빛깔을 달리하고
싯누런 들녘이 아스라이 뻗어있다
좋아서 꼬약거리며 뛰고 싶던 그날처럼

쇠비름 살고 있던 둑이며 냇가 하며
수초 사이 물방개 송사리 우렁하며
이 가을 겉갈이하면 그때로 돌아갈까

눈 오는 밤의 소묘

이 한밤 소리 없이 흰 눈이 내린다
나이자락 모르고 흥취는 높아지는데
마음은 고즈넉하게 지난날로 달린다

개미장이 서고, 지장풀이 자라고, 쇠똥이 말라있던 논둑이며
초가지붕, 장독대, 샘둑, 문창살과 댓돌 위 꺼먹 고무신이며
무, 배추 구덩이에서 노란 순 돋은 무를 꺼내오시던 아버지와
바탱이에서 청각과 댓잎 거둬내며 동치미 퍼오시던 어머니와
썰매 타고 자치기하다 곱은 손을 솜저고리 소매 품에 찌르고
귀때기 후려치는 바람을 등 뒤에 달고 들어오던 형제들이며
풍구를 돌려가며 왕겨 불 때어 큰 무쇠솥에 스무여남은 식구 밥을
삶던 올케며 눈이 온다고 큰딸은 내게 알려오는데 내가 알리지 않아도
어머니, 아버지 잠든 선산 솔수펑 위로 눈은 쉼 없이 퍼붓는 것이며
하얀 눈 이 밤
새도록 내린다는 것이며

초연草宴* 혹은 꽃트림**

동동팔월 앞두고 숨 고르는 백중이다
머슴들이 불러온 풍각쟁이 깍두기판에
질펀한 농악장단에 차일도 흔들렸다

우리 집 일군들도 호미를 씻어 걸고
백중장 열리는 싸전으로 몰려가서
판마다 끼어 얼쑤 절쑤 어깨춤을 추었다

글밭 매는 만년필 고이 씻어 걸어놓고
내 언어의 떼기밭 돌멩이도 버려두고
초연을 혼자 벌인다 만물을 끝냈나 보다

---

* 초연(草宴) : 농가에서 농사일, 특히 논매기의 만물을 끝낸 음력 7월쯤에 날을 받아 하루를 즐겨 노는 일.

** 꽃트림 : 백중날인 음력 칠월 보름날, 마을 사람들이 돈을 주고 풍물꾼들을 불러와서 즐기며 노는 일. 풀이나 나무의 꽃을 피우기 위해 꽃봉오리가 열림.

개나리 두어 가지

개나리 두어 가지 울타리 넘고 있다
담 밖을 사랑한 저 가벼운 장대뛰기
줄빛이 켜든 등불이 한꺼번에 흔들린다

오보록이 가는 다리로 떨기 이룬 꽃 덤불
아직 이른 추위에 웅숭그리고 섰더니
연푸른 햇살 걷어다 모듬밥 짓고 있다

바라보는 마음이 높가지를 더듬는다
꽃보라 속으로 떨어지는 꽃잎 꽃잎
병아리 한 마리가 금세라도 나타날 듯

무심한 저 바람 속에 살냄새 물씬한
고향이 살았다 골안개도 피었다
웃비가 걷힌 보리밭으로 여우비도 왔다 갔다

개나리 그 빛에 이제 내가 각인된다
온몸에 노랗게 봄물이 드는데
울 어매 한 번이라도 이런 낯빛 했었을라나

가을 낮 풍경 1

아파트 한 귀퉁이 추억의 장이 서서
칼갈이 숫돌 위에 무딘 칼 갈고 있다
벼 이삭 여물어가는 짱짱한 한낮이다

국화꽃 벌써 피어 갈쇠바람에 흔들리고
칼갈이 쉬임 없이 칼날을 벼리는데
등 푸른 칼등 위에선 물개가 춤추는 듯

저 파도 이리 쉽게 우리에게 달려오는데
썰물처럼 사라지는 정겨웠던 풍경들
먼 훗날 고려청자처럼 건지면 되는 건가

국화꽃 마지못해 서리를 기다리고
칼 가는 이 보짱 좋게 쌍둥이칼도 가는데
석양이 추억 하나를 어스름에 묻는다

제 몸 갈아 칼 벼리는 숫돌 같은 신세지만
고단한 나날의 삶 오늘도 살아냈다고
칼갈이 치임개질을 바람이 밀고 있다

가을 오다

가을이 온다는 건 겨울이 가깝다는 것
산목숨들 겨우살이 지식검색에 매달리니
일시의 접속에 사이트들 과부하 걸리겠네

대추알 길둥근 콧등 나날이 붉어간다
얼금뱅이 모과도 노란 분첩 두드리고
고춧대 아직 푸른데 고추 벌써 익었다

천마성天馬星이 은빛을 뿌려대는 가을저녁
쑥부쟁이 이미 져서 매미소리 헐거운데
하늘은 철새 맞으려 한 귀퉁이 비운다

맨드라미의 고향

새우젓옹기 소래기 푸레독 곁에 피어
햇살 향해 발돋움하던 닭 볏 같던 맨드라미
이제는 내 맘 깊은데
그 속에나 살아있다

붉디붉은 꽃술에 내려앉던 한낮 빛살
어머니가 닦고 있던 배부른 항아리에
얼비친 맨드라미 꽃빛 곱기도 하더니

어머니 묘지 곁에 맨드라미도 스러지고
발등눈에 발이 빠지고 봉분은 하얗다
슴묽은 겨울 해라도 이드거니 비쳤으면

무악재 안산(案山)에서

꿩 울음에 정적 깨어 안산이 들썩이니,
아카시아 잎새들 뱅뱅 돌다 떨어지고,
갈 기슭 갈대들은 서로 마른 등 토닥인다

홍자(紅紫)색 싸리 꽃 지고 멧비둘기 우는 가을,
그 누가 키웠을까 저 높은 청청하늘,
눈물로 다 못한 슬픔이 발꿈치를 내린다

5부

생활의 나날

늙은 남자

늙은 아내와 남편의 손과 손 사이에는
시간의 골짜기와 강물을 지나온
전기가 통하지 않는 마른 슬픔 살고 있다

등과 등 그 사이가 멀어진 부부 사이
밤새 쌓고 또 허문다는 어떤 속담 하나가
덩달아 잠 못 들고서 적막 속에 저문다

더운 피도 정열도 모두 식어 지금은
영역도 다 빼앗긴 한 마리 사자처럼
윤기도 없는 갈기를 바람에 털고 있다

우루무치의 추억

장건이 개척하고
마르코 폴로도 다녀간 길
오고 간 종교도
문화도 싯푸른데
그적의 사람은 없고 흙먼지만 부연하다
혜초가 걸어갔던
막막한 이 사막의 길
탈 것 타고 가는데도
더운 바람 가슴에 인다
햇살도 뜨거워 하얗게 바래는 고비사막
사막 속 돈황의
푸른 물빛이 놀랍다
습기 없는 기후는
막고굴 지켜왔는데
곳곳의 많은 풍차는 바람의 경제학일까
천산산맥 천지는
눈에 덮여 하얀데
월아천 호수엔
사막의 달이 떴다

누란의 미녀는 나를 모른다고 돌아눕고
명사鳴砂 산 오르내리는 낙타는 비루먹었다
천불동 악사도 나날이 늙어 가는데
트루판 포도덩굴에는 새움 돋아 있었다

안산에서

비 그친 산이마에 골안개가 흐른다
지척도 분간 못 하고 그 속에 갇히는데
한 줄기 바람 불어와 사방으로 흩는다
멀리 뵈던 안개라도 그 속에 내가 들면
안개는 이미 없고 나 홀로 서 있는데
밑에서 바라보는 이는 안개라 할 것인데
비에 젖은 왕겨를 손으로 집어넣으며
풀무 바퀴 돌리며 왕겨 불을 땔 적에
연기가 내어 되나온 노릇하던 연기 같다

이맛돌* 핥으며 뻗쳐 나오던 불길과
벌불** 에 드러나던 부지깽이 몽당비와
찬장에 일렁거리던 불 그림자 그리웠나
날이 늙어 조금씩 지표면 더워져서
그 위로 새도록 밤비가 쏟아져서
지심 속 잠든 불더미 들깨웠던 것일까

* 이맛돌 : 아궁이 위 앞에 가로로 걸쳐 놓은 긴 돌.
** 벌불 : 아궁이에 불을 땔 때 아궁이 밖으로 내뻗치는 불.

깨를 볶다

참깨를 볶는다 부자가 되고 싶어서
잔가랑니 같은 참깨 달달달 볶는다
연기는 소돔 城 그것처럼 냄비 안을 감돌고

주걱에 달라붙는 온갖 젖은 기억들
이제는 지워야지 오늘이 소중하니
재우쳐 볶으면 어느새 손가락에 으깨지고

깨 볶으며 맛보는 깨 부자 알부자의 맛
없는 재미를 뜨건 불에 달달달 볶았으니
재미가 깨 볶을 날만 기다리면 되겠다

독도는

바닷빛 쪽빛하늘 머리에 이고서
연보라 바다국화 빛 가을옷 입은 독도는
동도와 서도 나란하니 외로운 섬 아니다

어살버살 떠드는 근거 없는 주장에
말없이 웃으며 주먹을 불끈 쥐니
두 손에 든 태극기가 해풍에 펄럭인다

신라적 그 사내가 생각나는 밤이면
먹딸기 빛 전신을
東海물에 식히는
독도의 물빛 그리움에 파도 마구 거칠다

청계천

뒤안길에 돌아앉아 맘 죄던 세월 보내고
청계천 본디꼴 찾아 가슴을 활짝 여니
해님도 가만 내려와 물길 따라 흐른다

문명이란 자연과 더불어 살아야 하는 것 너로 하여 다시 보는 그리운 고향 얼굴 도심이 추억을 업고 징검다리 건넌다

얼굴마다 꽃 같은 미소가 피어난다 감동이란 숱한 문명에서 오는 것 아니라고 친근한 네 모습에서 우리들 배우노니

흘러라 그치지 말고 큰 강 되어 흘러라
지난날 설움일랑 물굽이에 씻으며
압록강 탐라 바다까지 한바다로 흘러라

풍경의 집

1
바람이 쉼 없이 불어 풍경風磬이 울어댄다
매달린 쇠 붕어가 종鐘 따라 흔들리며
허공에 그물을 짠다 그 그물에 갇힌다

2
독경소리 정적 깨우니 바람이 불어온다
언 하늘로 날아가는 푸르른 풍경소리는
허공의 거푸집이다 쇠 붕어가 짓고 허는

내 나이는: 강낭콩에 대한 소고小考

고달픈 삶 알알이 꼬투리 속에 감추고
하늘 바라 푸르게 가꿔가던 색색의 꿈
강낭콩 여린 덩굴이 시간의 담 넘는다

물 말은 꽁보리밥에 쭉쭉 찢은 오이지
늘 허기진 끼니지만 담백한 식사였지
웃음이 물수제비처럼 통통통 튕겨갔지

아버지 어머니 할머니와 그 윗대의
괴춤을 풀게 했던 강낭콩 떡 먹으며
강낭콩 꽃빛이 도는 세상이길 기원했지

구름 위에 구름 겹쳐 퍼붓던 장맛비 속
헛헛한 배 채워주던 강낭콩쑥떡의 추억과
소싯적 입맛 못 잊는 내 나이는 00 다섯
소싯적 입맛 잊으려는 내년에는 00 여섯

■□ 해설

아린 보리저녁을 거슬러 오르는
회귀 본능의 시편들

문정영(시인)

 이기호 시인은 수필·시·시조를 넘나들면서 자유로운 영혼을 글로 펼치는 중견 작가이다. 이번 『적막한 보리저녁』을 읽고 머릿속에 '연어'가 떠올랐다. 한 생을 거슬러 오르는 힘차고 푸른 연어들. 시인의 시어들은 고향에로의 회귀, 근원적인 모성으로의 반추가 구절마다 가슴 에이듯 애절하다. 3장 6구 12음보의 형식을 지켜야 하는 시조를 통해, 생생하고 아름다운 서정의 파편들이 행간 곳곳에 녹아 있다.
 시인은 각 부에 부제를 달았다. 1부 내 사색의 창가에서,

2부 이 지독한 짝사랑을 어이 할꼬, 3부 하나님 나의 하나님, 4부 계절의 고섶에서, 5부 생활의 창을 열고. 시인은 시에 담을 수채화와 같은 언어들을 엮어 작은 의미망을 만드는 것이다. 시인이 만들어놓은 명징한 시선을 따라가며 읽으면 시의 지평들을 껴안기 쉬울 것이다.

"피사체被寫體와 같은 저의 시들- 우리의 혼魂과 정서의 맥에 닿고 싶은 저의 시절가조時節歌調- 시조時調도 그랬으면 좋겠습니다."라는 시인의 소원은 독자에게 여러 갈래로 읽힐 것이다. 그 길을 함께 걸어가 보자. 그 길 위에는 시인이 끌어안은 우리말들이 아름답게 펼쳐진다. 굳이 그 의미를 찾아 읽지 않아도 시어에서 오는 맛으로도 시편들은 풍족해 보인다. 우리가 불러주지 않은 언어들이 조용히 앉아있는 모습을 볼 수 있다.

1. 사색의 눈으로 바라본 대상과 본능

시인의 눈길은 멀리까지 가지 않는다. 시인이 경험하고 생각한 발자국들을 선명하게 드러낸다. 그것이 은유의 숨결 이상으로 깊다.

    뼈마디 열리는 고통 한사코 참아내면

    마침내 드러나는 알알의 살빛 환희

    벌어진 어미 몸에선 붉은 물이 흘렀다

                           - 「석류石榴」 전문

 「석류」라는 시에서 시인이 드디어 바다에서 강으로 거슬러 오를 준비가 끝났음을 짐작할 수 있다. 바다에서 푸른 생을 살다가 〈시조〉라는 알을 키워내기 위해 강을 거슬러 힘겹게 오르는 연어의 문장들이 눈에 띈다. 고향 마당가에 한두 그루쯤 서 있을 법한 붉은 석류를 "어미 몸에선 붉은 물이 흘렀다"라고 이미지화한 것은 그런 맥락에서 시집의 포문을 여는 첫 시로서 제격이다. 붉은 물은 어머니의 하혈, 즉 시인의 탄생이기도 하며, 고향에 대한 고통스러운 기억이기도 하고, 정서적 회귀에로의 탄생이기도 하다. 그런 의미에서 시 「석류」는 시집 전체를 아우르는 실마리라고도 볼 수 있다.

 시인은 유독 고향과 관련한 시가 많다. 근원으로 회귀하고자 하는 마음이 무의식중에 시로 스며든 셈이다. 「달을 번역하다」에서는 달을 두고 "달이란 기원祈願이 응집된 빛의 덩어리"라고 하였는데, 이 표현 또한 회귀 본능의 범주에서 벗어나지 않는 뛰어난 문장이다. 「어머니 냄새」에서는 "깜부기 뽑던 어머니 승캉새 굵은 베적삼에선/ 오월 하늘 휘감던 풋보리 내음새"로 기억하기도 한다. 어머니에 대한 기억을 냄새에서부터 찾아내려는 시인의 짙은 회귀 본능은 시를 읽는 독자들에게 각자의 엄마 냄새를 되 불러 일으키는 역할을 한다. 시인의 고향에 대한 추억은 머리에서 나온 문장이 아닌, 시인의 갈비뼈 사이에서 나왔다고 할 수 있겠다. 시시때때로 되새김질할 수밖에 없는 뼈와 뼈 사이에 묻어 놓은 기억이 고향인 것이다. 시인의 시는 해체나 실험적인 문장을 배제한, 기억과 무의식의 부활이 돋보이는 작품들로 가득하다.

      고향과 이별하며 머리를 잘랐고요
      뭇시선 겹겹 입어 몸은 춥지 않은데
      언제쯤 나는 뒤꿈치를 땅에 댈 수 있을지

      고향 도랑에 발 담그고 살아가려 했는데
      사나운 바람에 냇물이 소용돌이쳐서
      물 따라 나도 모르게 흘러가 버렸지요

〈
　힘들어도 몹쓸 기억 지우려 애를 쓰죠

　그럴수록 겨울 같은 의지로 기다려요

　누군가 뜨거운 눈물 내 발등에 쏟을 날을

　오늘도 하늘 이고 하염없이 앉아있죠

　눈 뜨고 떠난 이들 파랑새 되어 돌아와

　어깨에 앉아 다독여주니 또 하루 견디지요

　　　　　　　　　　　　- 「맨발의 소녀에게」 전문

　이 시조는 우리의 슬픈 역사적 사실 속의 서사를 표현한 것으로 시인에게 깊은 아픔을 준 것으로 보인다. 시란 무언가가 시인의 심금을 거칠게 충격할 때 올이 풀리듯 술술 풀려나오는 것이다. 실제로 소녀상으로 대표되는 어린 소녀는 알 수 없이, 갑자기 휩몰아친 역사의 바람에 휩쓸려 먼 땅으로 끌려가서 몹쓸 짓을 당했던 것이다. 그런 아픔이 있기에 "뒤꿈치를 땅에 디디지"도 못하지만 "먼저 돌아간 이들이 파랑새가 되어 돌아와" "어깨에 앉아 다독여주"어 나날을 견디고 있다는 것이다. 누군가 뜨거운 눈물 내 발등에 쏟을 날을. 다시는 이 땅에 이런 슬픔이 없기를 바라는 마음 간절하다.

또한 「빙벽등반」에서 그녀는 녹록지 않은 삶을 토로하기도 하는데 "욕망이란 무엇인지 신기루 찾아가듯 단내를 쫓아가는 사냥꾼"이라고 표현한다. 생애에 책 한 권 쓸 만한 사연은 누구에게나 있지 않은가. 하물며 감성 풍부한 시인에게는 더욱 쓸 만한 기억들이 보물창고처럼 많이 저장되어 있다. 시인은 "드넓은 논밭 새로 상지천川이 흐르고/ 가난을 씻어대며 빨래하던 舊 장터"(「내 고향 광천엔」)를 기억하고 "나팔꽃 올라가던 돼지우릿간 흙벽으로/ 겨울 마른 무청이 바람에 펄럭이던"(「고향집」) 추억을 소환한다. 이 얼마나 정겨운 풍경들인가.

    보리방아 찧을 때면 분꽃도 눈을 뜬다
    울 밑에선 암탉이 지저깨비 헤쳐대고
    거미*는 앞마당으로 한무릎 다가왔다

    이른 저녁 보리밥에 굴풋해진 입맛이다
    옥수수와 감자가 바가지에 들려나오자
    먼 데서 짭짭거리던 별 사선斜線으로 떨어졌다

    다북쑥 솔가지가 모깃불 속에 타오르고

섶사냥이라도 하는 듯 매캐한 연기는
　　초가집 낮은 허리를 천천히 휘감았다

　　하나둘 모기장 찾아 졸린 눈을 비볐다
　　그림자는 어둑서니 커가듯 키를 늘리고
　　마을이 저뭇한 어둠에 안길 때
　　달빛은 지붕 위 박 넝쿨을 적시며 흘렀다
　　　　　　　　　-「적막한 보리저녁」전문

　시인은 「적막한 보리저녁」에서 어느덧 나이 저물어간 저녁 무렵이 되었다. 처연하리만큼 애절하게 시인은, 고향이라는 회귀 본능을 자극하면서 "박 넝쿨을 적시며 흘"러가듯 애틋하게 그리워하고 기억한다. 바다에서 시인의 삶은 사냥꾼처럼 욕망을 따라 살아왔지만 이제, 다시 고향을 찾아 강물을 거슬러 올라가고 있다. 시인의 조용하고도 힘찬 문장들이 언젠가는 강의 상류에 다다르리라.

2. 시인의 의식에 살아있는 존재들

시간의 더께 묻은

모습이 외려 천진하다

도담한 수인手印이며 오롯한 원광圓光 하며

삼매에 든 절 한 채가 하늘을 이고 섰다

덧없는 삶과 죽음 그 경계 무느려

침묵 속 하 무량한 미소의 설법으로

돌벽 위 마애불상이 우리 진여 깨운다

친근한 모습에서 불심은 일어서고

어깨에서 흘러내린 살보드란 통견의通肩衣

두 손에 감아쥐고서 금시라도 나투올 듯

자애의 비 흠뻑 내려 중생은 구물구물

만지는 손길마다 바라보는 눈길마다

천년의 백제 숨결이 시나브로 슴배인다

－「서산 마애삼존불상」 전문

한편, 시인의 시집 곳곳에서 시인의 역사의식이 드러나는 시들이 많다. 먼 백제의 「서산 마애삼존불상」에서부터 근대의 「故 박정희 대통령의 업적」까지 역사적 세계관을 엿볼 수 있는 여러 편의 시가 있다. 그것 역시 회귀 본능의 관점에서 접근한다면 고향의 범주를 벗어난 좀 더 광활한 의미에서의 회귀를 보여준다고 할 수 있다.

「서산 마애삼존불상」에서 시인은 "시간의 더께 묻은/ 모습이 외려 천진하다"라고 토로한다. 시인의 의식은 백제까지 거슬러 올라가는 거시적 시간여행을 한다, 여전히 시인의 시에서 흐르는 정서는 회귀 본능과 그리움이다. 시인의 아련하게 지나온 역사에서 시인의 쨍한 의식이 한바탕 힘차게 강물을 거슬러 오르고 있다.

「에밀레, 에밀레종」, 「해운 최치원」, 「다산 정약용」의 시에서도 그렇듯 시인은 과거에로의 상상력과 회상력이 돋보이는 시들로 가득 채웠다. 아주 오래된 역사로부터 시작해, 「故 박정희 대통령의 업적」처럼 전근대사를 오가면서 시인은 줄곧 회귀와 그리움을 연어의 자세로 거침없이 거슬러 올라가고 있다.

3. 절대자로의 회귀 본능

십자가에 못 박혔어도 하나님의 아들인데
원망도 아니하고 순종하신 예수여
그러니 세상의 붉은 죄 눈처럼 하얘졌지

삼위일체 귀하신 몸 피할 수도 있는데
세상 짐 짊어지고 돌아가신 예수여
죽으면 사는 것임을 죽음으로 보이셨지

고통받는 만민을 인자는 두남두셨지
갈색으로 떨어지는 봄날의 목련꽃처럼
땀방울 피가 되도록 기도하신 주님은

죽은 자 가운데서 부활하신 기적이여
세상을 심판하러 이제금 오시는 날
어둠의 두억시니들 발밑에 꿇리시리니

주님은 끊어지지 않는 세 겹의 빔실
굳세게 잡고서 끝날까지 인내하면

주님의 거룩한 성에 즐겁게 들어가리

- 「하나님의 아들」 전문

  또한 시인은 종교에로의 회귀를 드러내기도 하였는데, 예수님은 시인의 또 다른 고향이며 어머니이고 자신이 언젠가 돌아가야 할 종착지라 생각한다. "굳세게 잡고서 끝날까지 인내하면/ 주님의 거룩한 성에 즐겁게 들어가리"라는 문장에도 고백하였듯이, 시인의 종교관을 통해 회귀의 종점이 어디인가를 독자들에게 알려주고자 한다. 언젠가 자신의 모든 것을 쏟아 붓고 예수님의 품, 즉 고향의 상류로 돌아갈 것을 다짐하기도 한다.

4. 계절과 자연에로의 회귀 본능

하늘을 받쳐 든 가지들도 이파리도
뭉뚱그린 한 뭉텅이
저 나무의 푸네기들
한 마리 공작새처럼 날개를 펴고 있다
〈

이파리 하나로도

하늘을 가리더니

늦잎마저 떨어져 나무가 빈집이다

여름내 몸가축하던 일상이 무너진다

눈 오는 겨울이면

돋아나는 물빛 안개

일년생 미라 되어 얼음강보에 싸였더니

때 되면 물줄기 깨어나 줄기 사이 감돈다

너테 위로 봄 오고

또다시 여름 오면

연못 속에 들어차는 무성한 푸른 그늘

햇살을 헹구어내고 잎,새들이 날고 있다

- 「나무여, 한살이여」 전문

  과연 연어의 마지막은 어떤 모습일까? 연어는 그냥 의미 없이 죽는 것이 아니라 알을, 그것도 무수히 많은 알을 쏟아놓고 죽는다. 그 알들은 다시 새로운 생명으로 태어나 헤엄치면서 저 넓고 깊은 대양으로 나아가 젊은 연어로 부활한다. "나무의 푸네기들"처럼 새로운 한해살이로 돌아오는 것이다. "너테 위로 봄 오고/ 또다시 여름 오면" 무성한 푸른 그늘이 돋아나듯, 새로운 연어, 즉 잎, 새들이 햇살을 헹구어내고 날아다닐 것이다. 시인이 말하는 나무의 한 살은 회귀 끝에서 만날 새로운 삶의 탄생이고 시작점이라고 할 수 있겠다.

> 가을귀 안테나로 귀뚜리 노래 잡으니
> 동트며 울어대던 매미소리 헐겁다
> 가을이 끝물의 여름을 모개로 흥정한다
>
> 하루하루 나락들은 빛깔을 달리하고
> 싯누런 들녘이 아스라이 뻗어있다
> 좋아서 꼬약거리며 뛰고 싶던 그날처럼
>
> 쇠비름 살고 있던 둑이며 냇가 하며
> 수초 사이 물방개 송사리 우렁하며
> 이 가을 겉갈이하면 그때로 돌아갈까
> ─「겉갈이하고 싶다 이 가을」 전문

시인은 시의 곳곳에서 그리움의 세계로 회귀하고 있다. "이 가을 겉갈이하면 그때로 돌아갈까". 하지만 시인은 잘 알고 있다. 되돌아갈 수 없다는 것을. 그래서 시인은 회귀의 욕망을 시의 곳곳에 쏟아붓는 것이다. 다시 새로운 생명이 태어나길 기다리는 것이다. 「맨드라미의 고향」처럼, "새우젓옹기 소래기 푸레독 곁에 피어/ 햇살 향해 발돋움하던 닭 볏 같던 맨드라미/ 이제는 내 맘 깊은데/ 그 속에 나 살아있다"라는 문장처럼 시인은 시인의 추억의 강을 거슬러 올라 고향으로 돌아가지만 그것이 끝이 아니라 시작이라는 것을 안다.

5. 생활에서 얻어낸 회상들

참깨를 볶는다 부자가 되고 싶어서
잔가랑니 같은 참깨 달달달 볶는다
연기는 소돔 城 그것처럼 냄비 안을 감돌고

주걱에 달라붙는 온갖 젖은 기억들
이제는 지워야지 오늘이 소중하니

재우쳐 볶으면 어느새 손가락에 으깨지고

　　깨 볶으며 맛보는 깨 부자 알부자의 맛
　　없는 재미를 뜨건 불에 달달달 볶았으니
　　재미가 깨 볶을 날만 기다리면 되겠다
　　　　　　　　　　　　　- 「깨를 볶다」 전문

　남아 있는 기억을 다 털어낸 시인의 새 삶은 깨를 볶듯 사는 것이 아닐까. "이제는 지워야지 오늘이 소중하니", 다 털어내고, 걷어내고 남은 참깨알처럼 고소함으로 태어나는 삶이 기다리고 있지 않을까. 그러니까 이젠 "재미가 깨 볶을 날만 기다리면 되겠다"라고 이 지루하고 재미없는 세상에서 활기차고 복된 미래를 꿈꾼다.

　「깨를 볶다」를 포함한 시인의 생활 작품들은 그 서사가 유기적으로 잘 연결되어 있어 마치 한편이 영화처럼 독자들의 추체험을 왕성하게 도와주는 역할을 한다. 시인의 이미지는 곳곳에 생생하게 살아 연어의 비늘처럼 반짝거리며, 아름다운 서정과 서사로서 현대를 사는 이의 가슴을 정화해 준다.

이기호 시인의 시편들을 안에서 밖으로 그리고 과거와 현재의 기억들로 연어의 행보처럼 읽어 보았다. 시인이 추구하는 세계가 여러 소재를 통하여 그림과 같은 이미지로 펼쳐져 어렵지 않게 스며들었다. 가끔은 생활에서 쓰지 않은 언어들이 툭 튀어나오지만 시어 자체만으로도 간절함이 읽힌다. 세상은 둥글어서 제자리에서 흐르고 흐르는 것 같아도 우리는 날마다 이별하면 산다. 어제와 이별해야 새로운 오늘을 맞이하듯 이번 시집을 통하여 시인은 연어처럼 거친 역류를 거슬러 온 과거를 지나 이제는 내일이라는 대양으로 힘차게 나아가기만 하면 된다. 이기호 시인에 대한 기대가 크다.

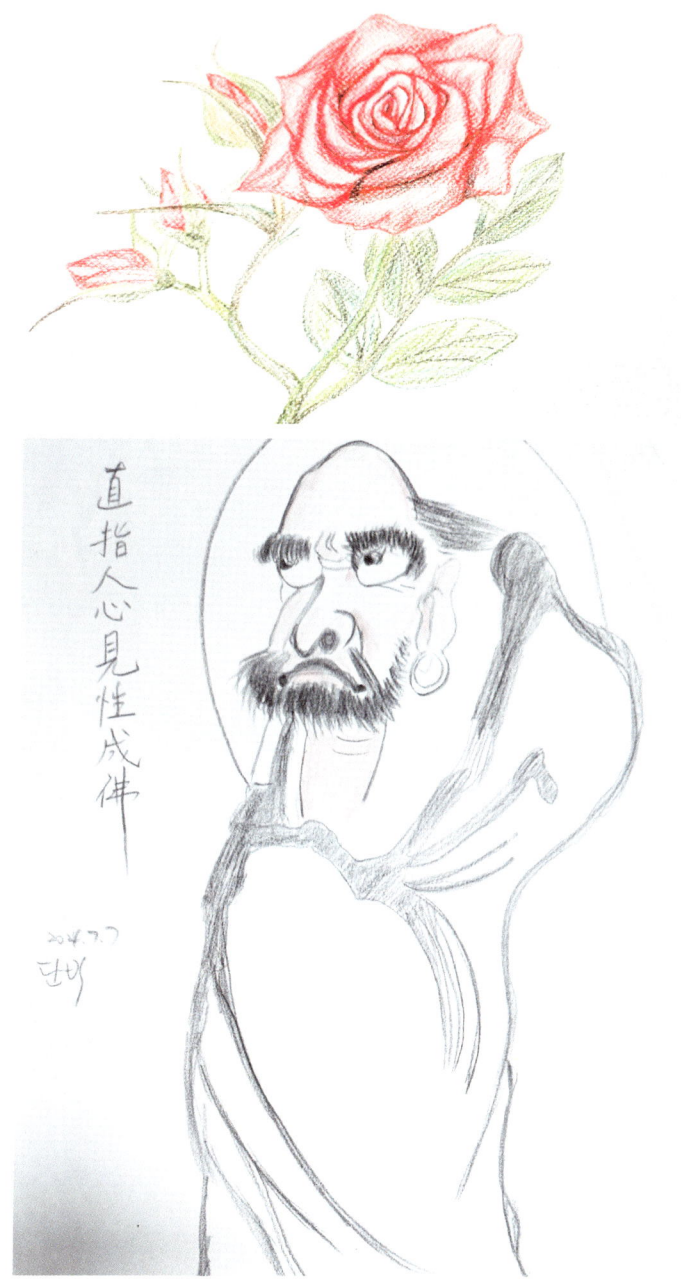